AF296098

UN VIEUX
RÉPUBLICAIN
AUX FRANÇAIS

QUI SENTENT LES NOMS DE *PATRIE* ET
DE *LIBERTÉ*,

*Sur l'Honneur national à venger et l'Indé-
pendance politique à conserver :*

SUIVI

*De Réflexions libres sur l'ACTE ADDITIONNEL
AUX CONSTITUTIONS DE L'EMPIRE.*

JE vais m'adresser à vos nobles affections,
Français généreux, qui sentez les noms de
Patrie et de *Liberté;* non pour réveiller en
vous des sentimens dont la flamme n'a jamais
pu s'éteindre dans vos cœurs ; mais pour
vous peindre les grands intérêts qui vous
sont confiés. Dans quelques jours , si l'esprit
de vertige qui semble planer sur les conseils
des ennemis de la France , continue à les
agiter, vous verrez s'avancer contre vous ces

mêmes peuples qui, conduits par la trahison, après avoir répandu la désolation et la mort dans nos villes et dans nos campagnes, ont osé détruire en un instant l'ouvrage de votre indépendance, renverser un trône élevé par les suffrages de la nation, avilir dans son Prince la majesté du sceptre que vous aviez déposé dans ses mains, vous donner des maîtres que vous n'aviez pas appelés, chasser de son palais, et sous les yeux de son père, la fille des Césars, et se vanter de vous avoir humiliés et vaincus. Dans quelques jours, vous les verrez, ranimés par l'espoir d'achever l'ouvrage de votre honte, et portant leurs prétentions jusqu'au dernier outrage, se présenter sur vos frontières dans le dessein de se constituer en maîtres dans votre patrie, de faire fléchir vos têtes sous le joug qu'il leur plaira de vous imposer; de vous faire assister de nouveau à la dégradation du Prince et du trône que vous avez rétablis; ou, si vous osez résister, de vous effacer du rang des nations.

Français ! pour qui nous prennent donc les instigateurs et les instrumens de ces projets insensés ? Pensent-ils donc qu'il n'existe plus de sang dans nos veines, ni d'honneur dans nos rangs ? ou bien, croient-ils qu'ils trouveront encore parmi nous des traîtres et des lâches pour seconder leurs desseins ? Ce serait déjà une bien audacieuse entreprise de leur part, que de venir provoquer à un défi de valeur une nation qui tant de de fois a fait sentir aux autres l'ascendant de sa puissance, et qui s'en souvient : mais venir pour l'insulter, pour lui disputer ses droits les plus sacrés, pour en faire l'instrument des volontés étrangères qu'elle ne peut ni ne doit reconnaître ; venir avec la menace de la flétrissure et de l'humiliation à la bouche....., Ah ! c'en est trop ; les peuples les plus faibles et les plus timides retrouveraient une force invincible contre un pareil outrage. L'insecte même qui rampe fait sentir son aiguillon à la main qui le blesse ou qui l'irrite.

Admirez la générosité de ces puissances, qui, depuis un an, ont si fort appris à l'Europe à compter sur leurs promesses et sur leur désintéressement ! Entendez-les s'écrier d'une voix hypocrite, que *ce n'est point à la nation française qu'elles prétendent faire la guerre, qu'elles n'en veulent qu'à un seul homme dont le génie les tourmente...* Eh ! qu'avons-nous besoin de tout ce vain étalage de sentimens faux, de ces distinctions

5.

d'une politique perfide , principe de la plus odieuse anarchie qui fût jamais , et qui suppose dans ceux qui en sont l'objet une crédulité honteuse. Ce qu'il nous suffit de savoir , c'est que des peuples s'avancent en armes contre nous ; qu'il est impossible qu'on rassemble de toutes parts des armées pour ne combattre qu'un seul individu ; qu'un horrible projet contre notre liberté existe sous cette montre de dispositions hypocrites , et que la Patrie nous appelle tous sur les champs d'honneur pour repousser et venger une aussi outrageante agression.

Et quand cet homme, que l'on déclare vouloir combattre seul avec des milliers de bras, et dont on fait, par une aussi étrange déclaration , l'objet et l'admiration du monde entier , serait en effet le but unique de tant de préparatifs : si la nation française l'a reçu dans son sein , si elle l'a proclamé de nouveau son libérateur et son Prince , si elle met en lui ses epérances ; de quel droit des étrangers viendraient-ils lui contester ses suffrages, et attenter jusque dans son sein à l'existence de celui qui en est l'objet ?

Jamais la France, il faut l'avouer, ne s'est trouvée dans une position aussi extraordi-

naire , peut-être plus nécessaire au réta-
blissement de sa considération politique ,
peut-être plus digne d'elle ; et je sens que
des idées générales , qui se pressent en foule
sous ma plume, ne peuvent suffire à l'expres-
sion des sentimens que cette position réveille.
Essayons de les rassembler sous quelques
points de vue, et présentons dans ce tableau
tout ce que l'honneur, l'amour de la patrie
et de la liberté réclament des vrais Français,
pour soutenir les intérêts d'une si belle cause.

De l'Honneur national à venger.

Je ne puis l'écrire sans honte : j'ai vu des
Français assez lâches pour célébrer le triomphe des armées coalisées sur leur patrie , et
décorer du nom d'*alliés* et d'*amis ,* des
hommes-tigres, qui arrivaient dans la capitale
chargés des dépouilles des provinces qu'ils
avaient traversées , couverts du sang de leurs
habitans , et ne laissant derrière eux que des
traces d'incendie , de dévastation et de car-
nage. Quelle est donc la puissance de l'esprit
de parti, pour faire oublier à ce point l'honneur national et calmer le ressentiment des
outrages qu'on lui fait subir ! Et encore au-
jourd'hui , ne voit-on pas des Français comp-

ter en quelque sorte les pas des armées ennemies qui s'avancent sur nos frontières, presser leur marche de tous leurs vœux, prêts
à leur sacrifier le sang, l'honneur, la liberté
de leur pays, pourvu qu'elles leur apportent
le triomphe de leurs misérables opinions ?

Heureusement, cette classe de Français
dégénérés n'est ni nombreuse, ni redouta-
ble ; elle exhale sans danger ses vœux et ses
espérances au sein de la mollesse et des
plaisirs ; elle en a fait le signe d'une sorte de
bon ton, dont l'affiche lui suffit pour la dé-
dommager des sacrifices de son orgueil ; elle
n'a ni le pouvoir de nuire, ni assez de consis-
tance morale pour prendre part aux intérêts
de l'honneur national dont elle ne conçoit
pas même le nom.

Mais vous, Français, dont l'ame s'était éle-
vée en proportion de la gloire de votre patrie ;
vous, guerriers, qui aviez tant de fois versé
votre sang pour défendre l'honneur national
contre les coalitions renaissantes de l'Europe
conjurée ; vous tous, qui attachez du prix à ce
qui constitue une grande nation, à l'intégrité
de son territoire, au maintien de ses droits et
de sa liberté : dites-nous quelles furent les
blessures de vos cœurs, lorsque vous vîtes

des torrens de barbares , mêlés confusément
avec des peuples qu'un instant auparavant
vous appelliez vos alliés et vos amis, tous atti-
rés par l'espoir de votre dépouille et de votre
asservissement, se presser en foule dans vos
villes , dans vos campagnes, et y semer par-
tout l'outrage, la dévastation et la mort : lorsque vous vîtes leurs chefs, associant la dignité
de leur diadème aux vils complots de quelques traîtres, aux vœux d'un parti éternelle-
ment ennemi de la France, aux prétentions
d'une famille proscrite par les lois nationa-
les, flétrie dans leur opinion même , accu-
muler sur votre patrie tous les genres d'op-
pression , resserrer ses limites, lui ravir les
plus beaux trophées de sa splendeur passée ,
la réduire à une impuissance mille fois plus
honteuse que la mort , et la livrer en cet
état, aux vengeances, aux faiblesses, à la
perfide hypocrisie d'un gouvernement qu'ils
savaient bien devoir achever l'ouvrage de sa
honte et de son humiliation ?

Ah ! comment auriez-vous pu survivre à
une pareille dégradation, si l'espoir de la vengeance n'avait pas soutenu votre courage...?
Eh bien ! l'occasion vous en est offerte, et
ce sont ces mêmes peuples , dont les outrages

ont porté à vos cœurs des atteintes si profondes, qui viennent vous l'offrir. Habitans
des campagnes! vous reconnaîtrez dans leurs
rangs ces mêmes tigres qui vous ont dé-
pouillés, mutilés, qui ont attenté à l'honneur
de vos femmes et de vos filles, qui ont incen-
dié vos habitations, et qui, connaissant les
chemins qui conduisent à vos paisibles retrai-
tes, iraient encore y renouveler toutes les
scènes de leur barbare férocité...... Guerriers
valeureux! nobles vainqueurs d'*Austerlitz*,
d'*Iéna* et du *Niémen!* vous y trouverez ces
mêmes alliés perfides, qui, après vous avoir
abandonnés au champ d'honneur, ont eu la
lâcheté de tourner leurs armes contre vous;
ces soldats qui promènent avec orgueil, dans
toute l'Europe, les signes de leurs prétendues
victoires sur vos phalanges invincibles; ces
mêmes stipendiés de l'Angleterre, que vous
avez tant de fois humiliés sur les champs de
bataille, et qui, ne se souvenant que du
triomphe momentané, dont la trahison leur
avait préparé tous les moyens, ont osé insulter à votre gloire, et se rire des frémis-
semens de votre rage, qu'ils croyaient pour
toujours enchaînée....... Vous tous, Francais,
qui que vous soyez, vous y trouverez les

auteurs et les instrumens de votre dégradation, les spoliateurs de votre patrie, peut-
être les traîtres infâmes qui vous ont vendus
à vos ennemis ; ces princes qui ont voulu
vous rendre à des institutions abhorrées, qui
n'ont jamais cessé de conspirer contre l'honneur et le repos du pays qui les avait vus
naître, et qui, renversés par votre juste
indignation, prétendent replacer sur leurs
têtes une couronne teinte de votre sang.

Et toi, NAPOLÉON!.... ah ! sans doute ce
n'est point à nous à nous plaindre du silence
que tu imposes à tes ressentimens en faveur
de nos intérêts ; mais si ton impassible mo-
dération est enfin forcée de céder à l'impé-
rieuse nécessité d'une juste défense ; comment ne pas entendre le cri de l'honnenr
national si cruellement blessé en ta personne,
à la vue de ces mêmes princes que tu as tant
de fois abattus et relevés, qui te doivent pour
la plupart leur couronne, et qui, pour prix
de tes bienfaits, appelant à leur secours la
trahison et la perfidie, violant à la fois les lois
de la reconnaissance, de l'amitié, du sang et
du respect dû au diadème, sont venus t'ou-
trager dans tes droits les plus sacrés, dans
tes sentimens les plus chers, dans ta per-

sonne même qu'ils ont livrée aux insultes et aux piéges de tes lâches ennemis ? Ah ! pardonne encore : mais la nation n'oubliera jamais d'avoir vu, parmi les oppresseurs, celui que la voix de la nature appelait à la défense de tes droits et de ceux de ta famille ; d'avoir vu la main d'un père, armée contre sa propre fille, déchirer le bandeau impérial qu'il avait lui-même posé sur sa tête, et signer l'acte solennel de sa dégradation. Le ressentiment de cet outrage est au dessus de toute la constance humaine; sa vengeance est confiée à tous les siècles et à tous les peuples.

Tel est donc, ô Français ! le premier intérêt que la patrie déposera dans vos mains, si la lutte, à laquelle on vient si imprudemment vous provoquer, s'engage : vous aurez à laver dans le sang de vos agresseurs l'honneur national, livré par eux à la dérision des peuples; vous aurez à tirer raison de l'insolent mépris avec lequel on vous a traités, de l'avilissement où l'on a prétendu vous réduire, de la flétrissure imprimée à tout ce qui formait votre gloire, des outrages dont on a couvert toutes les créations de votre indépendance et de votre liberté. Qui de vous ne s'honorera de prendre part à ce grand acte de la vengeance

nationale ? Honte éternelle à ceux qui préfé-
reraient une patrie sans honneur aux nobles
dangers qui doivent la rendre à ses belles destinées ? Est-ce que la nature leur aurait donné
une ame assez vile pour être incapables de sentir que la dégradation publique emporte celle
des individus ; que lorsqu'un Etat se laisse avilir, la honte en rejaillit sur tous ceux qui le
composent, et que, ne pas saisir l'occasion de
venger un pareil affront sur ses auteurs, quand
ils osent sur-tout se présenter pour le rendre
plus outrageant encore, c'est une lâcheté insi-
gne qui ravit à un citoyen jusqu'aux dernières
traces de son existence sociale. Ah ! repous-
sons ces idées ignobles et douloureuses : je
m'adresse aux cœurs généreux, et pour eux
le nom français est assez beau, pour qu'ils met-
tent quelque prix aux intérêts de sa gloire com-
promis dans tout ce qu'un peuple peut avoir
de plus cher ; car il ne suffit pas seulement ici
de venger la patrie dans son honneur outragé,
il s'agit de plus de conserver son indépendance politique.

De l'indépendance politique à conserver.

Français ! vos ennemis se sont trahis ; leurs
complots sont à découvert ; l'anéantissement

de votre existence politique est jurée ; vous
devez disparaître du rang des nations ; vous
devez cesser d'être Français. Cet ouvrage ne
date pas de ce jour ; il existe depuis que vous
avez voulu être libres , depuis que vous avez
donné au monde l'exemple d'un peuple décidé
à briser ses chaînes et d'en frapper ses ennemis.

Alors s'est formée une conjuration destinée
à combattre sans cesse vos nobles efforts , et à
les renverser ; c'est alors que vous avez vu disparaître d'au milieu de vous ces classes privi-
légiées , dont les agens se sont répandus dans
toute l'Europe pour intéresser les rois à leur
cause , et les armer contre vous. Que n'a-t-on
pas fait pour vous traverser dans votre entreprise , pour vous faire périr dans vos pro-
pres convulsions, pour irriter vos passions
généreuses, pour vous forcer en quelque sorte
de flétrir vous-mêmes par des excès vos tra-
vaux , afin d'avoir le droit de vous accuser,
et de vous livrer, comme des furieux , à
l'animadversion publique, et au fer de vos
ennemis.

Vous l'avez vu dernièrement encore l'effet
de ce système odieux ; lorsque ces mêmes
hommes, rentrés en France avec la haine et
les ressentimens qu'ils en avaient emportés,

sont venus s'ériger en accusateurs au milieu de vous, demander perfidement des autels et des fêtes d'expiation, verser des larmes hypocrites sur les cendres d'un roi qu'ils avaient lâchement abandonné, poussé au parjure en abusant de sa faiblesse, et jeté sur l'échafaud où ils auraient dû expier eux-mêmes les conseils perfides qui l'y avaient conduit.

Cependant, la France restait debout au milieu de ces agitations et de ces tempêtes politiques : l'enthousiasme de la liberté avait créé dans son sein des héros qui la défendaient au dehors contre les torrens des peuples déchaînés contre elle, et au dedans, contre les dissensions civiles sans cesse renaissantes : enfin, parut ce Prince, entouré des trophées de sa gloire, élevé au trône par la reconnaissance publique, et dont le règne sage, ferme, marchant d'accord avec les vœux des Français, et fondant des institutions qui affermissaient à la fois leur existence politique et sociale, imposa silence aux ennemis éternels de notre liberté, et déconcerta un moment leurs projets. Mais ce silence n'était de leur part qu'un piége de plus, accommodé aux circonstances, et dont l'effet devait les conduire par d'autres moyens au même but. Souples et rampans, ils se glissent bientôt aux pieds du trône; ils s'en montrèrent les plus zélés partisans ; la nation et le Prince lui-même crurent à leur réconciliation sincère avec leur patrie, et à la faveur de ce prestige, ils reprirent la suite de leurs projets. Il fallait écarter du pouvoir tous ces vieux amis de la liberté qui auraient pu éclairer leurs perfides desseins, et sauver la patrie et le Prince des nouveaux malheurs qu'ils leur préparaient ; ils y réussirent. Dès-lors restés seuls avec la tourbe des courtisans et des flatteurs qui s'embarrassent peu des destins du trône qu'ils obsèdent, pourvu qu'ils en obtiennent des faveurs et des richesses, tout marcha au gré de leurs complots affreux. L'opinion publique se détacha du Prince; les disgraces pesèrent sur ses vrais amis; on exalta son noble enthousiasme de la gloire, on le poussa au delà des limites; et tandis que tous les ressorts du gouvernement se brisaient au dedans par la violence de leur tension, que les élémens dévoraient nos plus belles armées au dehors; on organisait partout la trahison, on soulevait contre la France toutes les puissances de l'Europe, qui, pour cette fois , trouvant le chemin aplani par la perfidie et par le découragement de la nation, pénétrèrent sur son territoire , et vinrent y dicter des lois.

Tout croula sous cet effort des ennemis de notre liberté , et il leur fut permis dès-lors de travailler ouvertement à l'ouvrage de notre honte.

Cependant, comme l'édifice de nos institutions subsistait encore, et qu'il eût été dangereux de vouloir le renverser à la fois , on jugea qu'il serait plus prudent et plus sûr de le démolir pièce à pièce , et *on appela les Bourbons.*

On ne peut trop déplorer ici l'aveuglement de quelques Français, qui s'imaginent que les Bourbons nous furent donnés pour notre bonheur, et pour guérir les plaies de la nation. Leur rappel fut le résultat du calcul le plus perfide , le plus profond, et en même temps le plus vrai qui fût jamais. On connaissait la faiblesse et l'incapacité de cette famille ; et on jugea qu'il ne serait pas difficile de la tenir dans une dépendance favorable aux projets formés contre notre existence politique. Que n'avait-on pas le droit d'en obtenir d'ailleurs , pour le trône qu'on lui remettait , après vingt ans de regrets et d'efforts inutiles ? On savait quels préjugés , quel orgueil , quels ressentimens elle apporterait dans sa nouvelle position ; et ces passions entraient parfaitement dans les combinaisons de nos ennemis , par les germes de méfiance et de dissolution qu'elles jetteraient dans le sein de la nation. Enfin on prévoyait que cette famille arriverait escortée de la classe des nobles et des prêtres , qui avaient montré le plus d'animosité contre leur patrie, et le plus d'attachement aux priviléges de leur ordre; quel espoir ne donnaient donc pas ces auxiliaires ardens et furieux pour réveiller le fanatisme, ressusciter les institutions de la féodalité, porter les derniers coups aux créations de la liberté , et préparer ainsi les déchiremens et la guerre civile, dernier terme où l'on attendait la nation pour l'envahir, la morceler, et l'effacer du rang des peuples.

Nous l'avons vu, ce projet marchait à grands pas vers son exécution : quelques mois de plus , et c'en était fait de notre existence politique. Entourée des nations ennemies qui avaient empiété sur son territoire , la France était déjà l'objet d'un partage tacite entre les *Hautes Puissances* de l'Europe : le Congrès
lui-même

lui-même, par son mépris affecté pour les plénipotentiaires français, semblait annoncer le sort qu'il réservait à ce pays, et le peu d'intérêt qu'il mettait à des mesures politiques qui lui seraient désormais inutiles. D'un autre côté, les passions s'aigrissaient de plus en plus dans l'intérieur; le trône avili n'inspirait plus que le mépris; ses listes de proscription déjà connues; ses promesses mille fois violées, ses projets mis à découvert par l'impatience de ceux qui devaient concourir à leur exécution ou qui en attendaient les effets, avaient mis en garde tous les esprits; on s'entr'égorgeait déjà en espérance ...., lorsque tout à coup, la face des choses change par l'arrivée inattendue d'un seul homme, et par son apparition au milieu des Français qu'il vient arracher à leur fatale destinée.

Au bruit de cet événement, auquel tous les amis de la patrie et de la liberté applaudissent; la consternation se peint sur le front de ceux qui la veille encore souriaient à l'attente prochaine de nos disgraces. Ils fuient épouvantés; leurs alarmes pénètrent jusqu'au Congrès de Vienne, et elles y parviennent au moment où cette assemblée de souverains était bien loin de s'attendre, sans doute, qu'aucune puissance , et moins encore un seul homme , pût venir troubler l'importante opération du partage des peuples et du renversement des trônes, dont elle s'occupait. Aussi, rien n'égalera peut-être dans l'histoire le trouble, l'agitation de ces arbitres de l'Europe , à cette nouvelle ; ils éclatent en proscriptions et en menaces ; la plus aveugle fureur dicte leurs arrêts, et ils donnent à leurs armées le signal de l'extermination de la France.... Mais quel est donc le fantôme qui les poursuit ? Est-ce l'intérêt des Bourbons renversés qui les agite ? Ils les méprisent, et ils les puniraient bien plutôt de n'avoir pas plus habilement et plus rapidement secondé leurs projets. Craignent - ils que la France ne vienne fondre toute entière sur leurs Etats et leur disputer les *indemnités* qu'ils se sont partagées ? Mais n'ont-ils pas des armées nombreuses pour les défendre ; et de plus, la solennelle assurance que la France ne veut point sortir de ses limites , ni se mêler de leurs débats ? Est-ce l'apparition, sur le sol français , d'un seul homme qu'ils avaient proscrit, et dont le retour blesse leur amour-propre trompé, qui les irrite? Oui , c'est là leur prétexte ; mais il n'impose à personne.

Le vrai, le seul motif de leurs mouvemens
et de leurs agitations, c'est le dépit de voir
le fil de leurs projets contre l'indépendance
du peuple français tout-à-coup rompu ; c'est
la crainte de voir la liberté renaître dans son
sein, et donner à leurs peuples une nouvelle
impulsion contraire à leurs intérêts secrets ;
c'est celle de voir tout l'échafaudage de leurs
usurpations sur des Etats dont ils compriment
l'indignation par la puissance des baïonnettes,
crouler par la force de l'exemple ; c'est le re-
gret de voir s'évanouir le système des *indemnités* qu'ils se proposaient de prendre sur nos
plus belles provinces, sur nos ports, sur nos
arsenaux, sur le produit de notre industrie,
sur *nos têtes même*, dont l'évaluation aurait été fixée sans doute, chez nous comme
ailleurs, non sur les résultats utiles de l'in-
telligence et de la capacité, *mais sur leur
nombre.*

Aussi, voyez-les d'avance exercer contre
nous cette proscription outrageante qui an-
nonce la profondeur de leurs ressentimens
et toute l'étendue de leurs projets. Voyez-
les s'avancer furieux et menaçans, ne vou-
lant entendre aucune explication, couvrant
l'Europe de leurs bataillons, appelant au

secours de leurs vengeances tous les peuples du continent, et leur donnant un rendez-vous prochain sur nos frontières.

Français ! vous connaissez maintenant les desseins de vos ennemis : en souffrirez-vous l'exécution ? Tendrez-vous vos têtes au joug affreux que l'on veut vous imposer ? abandonnerez - vous à des étrangers vos terres, vos asiles, l'héritage de vos aïeux ? vous laisserez-vous effacer du rang des nations, et partager comme de vils troupeaux ? consentirez-vous à perdre le beau nom de Français ? Quel dénoûment, grand Dieu ! de nos efforts contre toute espèce de tyrannie, depuis vingt-cinq ans ! Ah ! je sens que mon ame toute entière se bouleverse à cette idée ! Des pleurs de rage et de honte coulent de mes yeux......... Eh ! quel peuple fut jamais vaincu en combattant pour son indépendance ? Voyez l'*Espagne* ; nous étions bien loin sans doute de vouloir l'asservir : mais notre présence seule blessait le noble orgueil de cette nation généreuse, et elle est restée debout sur les ruines de son territoire arrosé du sang de ses plus belles générations. Voyez l'*Italie* ; eh bien ! elle vaincra, parce qu'elle s'est levée pour son indépendance : cette cause est sacrée ;

elle a pour elle l'intervention du Ciel et les vœux de tous les hommes sensibles de la terre. Ils vaincront aussi, ces peuples qui ont subi la loi honteuse du partage, et qui peut-être n'attendent que l'exemple de nos généreux efforts contre l'agression qui nous menace, pour briser les chaînes qui les accablent. Toutes les nations opprimées, ou qu'on veut opprimer, sont auxiliaires : une ligue secrète les unit contre leurs tyrans, et la victoire couronne tôt ou tard leurs efforts.

Mais qu'avons-nous besoin de ces exemples pour animer et soutenir notre constance dans l'épreuve qu'on nous prépare ? Quand tous les peuples du monde seraient dans les fers ; sommes-nous faits pour partager leur disgrace ? Est-ce bien à la grande nation française, victorieuse il n'y a qu'un instant de tous les peuples de l'Europe, qui a tout sacrifié à l'acquisition de sa liberté, qui deux fois a chassé de son sein des gouvernemens qui voulaient la lui ravir, qui a proscrit tout ce qui pouvait offenser sa fierté, que l'on prétend disputer son indépendance et ses droits ? Ah ! sans doute il y a des lâches et des traîtres en tout pays, et peut-être nos ennemis comptent-ils encore sur la perfidie et la

lâcheté de ceux qui existent parmi nous : mais
les *vrais Français* se comptent par millions,
et ceux-là ne voudront jamais cesser de l'être.
Ils sont dans nos armées qui brûlent de venger leur patrie outragée ; ils sont dans nos
campagnes où tout s'arme et se prépare au
combat ; ils sont par-tout où il existe des
cœurs généreux et amis de la liberté. Que la
guerre commence, et elle deviendra terrible, décisive, parce qu'elle sera nationale,
et que nulle force au monde ne peut briser
la résistance d'un peuple qui combat sur ses
foyers, pour son indépendance et pour sa
liberté.

RÉFLEXIONS LIBRES

Sur le Projet de l'Acte additionnel aux
Constitutions de l'Empire.

En parlant aux Français amis de la patrie
et de la liberté, de la nécessité de se rallier
contre les éternels ennemis de leur indépendance ; j'avais la confiance que le grand ouvrage de la constitution s'exécutant sous les
auspices du chef suprême qui en avait posé
les bases dans ces belles déclarations, dans

ces généreux sentimens qui avaient signalé son retour parmi nous ; qu'étant sur-tout confié à des hommes pénétrés de l'importance et de la grandeur de cette entreprise, il présenterait tous les titres de notre indépendance politique et civile, et qu'il fermerait désormais la porte à toutes les prétentions, à toutes les tentatives des ennemis de notre liberté. Je me représentais l'Etat solennellement reconstitué dans toutes ses parties par le peuple français, le trône impérial rétabli par ses nouveaux suffrages, et la dynastie de Napoléon replacée à la tête de la nation par un acte contre lequel viendraient se briser toutes les allégations tous les prétextes fondés sur les événemens antérieurs. Je me peignais le nouveau pacte social des Français comme une œuvre digne enfin de leurs vœux, de leurs sacrifices et de leurs efforts, ne laissant subsister, hors du trône, dans la grande famille aucune trace de distinctions et de priviléges héréditaires, ouvrant de toutes parts les fonctions publiques à la concurrence des services et du mérite, laissant éteindre les hautes magistratures dans les familles, à la mort de ceux qui les avaient dignement obtenues, posant en un mot les bases d'une égalité universelle.... Je me représentais le peuple armant le Prince de sa force et de sa souveraineté, mais ne lui laissant aucun moyen de les tourner contre lui, se reservant de statuer par ses représentans sur les grands intérêts qui peuvent compromettre son sang et son repos, et mettant l'indépendance de ses organes à l'abri des tentatives arbitraires du pouvoir... Enfin, pour mettre le comble à ce tableau, j'assistais d'avance à cette grande assemblée *du Champ de Mai*, institution qui rappelle les plus nobles franchises de nos aieux ; où je voyais l'élite de la nation, exerçant la plénitude de la souveraineté du peuple, émettre son vœu sur les conditions de son existence politique et sociale, imprimer à ses opérations un caractère digne de cette époque mémorable de nos annales, fixer par la solennité de ses décisions les regards de l'Europe entière, et proclamer, avec le nom du Prince chargé désormais du dépôt de ses volontés, les lois fondamentales qui devaient régir les Français.

Que cette régénération me semblait digne de la gravité des circonstances, digne de la magnanimité du prince qui les avait fait naître et des intérêts du peuple qui en était l'objet !

(25)

Combien elle me paraissait devoir affermir
dans tous les cœurs le noble enthousiasme de
la liberté, et le désir de la défendre contre
ses ennemis ! que d'hommes irrités ou pré-
venus je voyais confondus et ralliés à l'ordre
établi ! que d'espérances à la fois satisfaites
que de méfiances éteintes et d'inquiétudes
calmées ! Mes illusions allaient plus loin encore : j'en voyais sortir les principes et les
motifs d'une paix solide et durable avec les
puissances armées ; toutes les difficultés me
paraissaient aplanies par la force irrésisti-
ble du vœu national aussi authentiquement
exprimé. A la vue du nouveau pacte social
des Français, je me représentais les souverains s'arrêter dans leur marche contre nous,
et se demander enfin ce qu'ils allaient entre-
prendre contre une nation qui avait elle-même
prononcé sur ses destins, qui avait solennellement rétabli ce qu'ils venaient combattre
et qui leur avait ôté par là tout prétexte d'a-
gression.... Ou si enfin je les voyais, furieux
de ce nouvel obstacle, continuer leur marche
et s'avancer contre la France dans le dessein
de l'envahir et de renverser le nouvel édifice
de son indépendance : ah ! alors, au nom de
ses lois menacées, de son honneur outragé,

de sa volonté méconnue, je voyais la nation toute entière faire entendre un cri terrible de vengeance, se rallier avec empressement autour de son chef, marcher avec lui au combat, et donner le mémorable exemple de ce que peut contre ses ennemis un peuple qui a reconquis ses droits et qui veut les soutenir.

Combien toutes ces illusions m'avaient entraîné loin de la position où un seul instant devait nous replacer ! enfin, le jour si impatiemment attendu par la nation arrive ; le cri de *constitution* se fait entendre dans les rues et dans les places publiques ; on accourt, on achete ce gage futur des destinées de la patrie, on lit.... Que voit-on ? *un acte additionnel aux Constitutions de l'Empire,* présenté et proposé par le chef de l'Etat à *l'acceptation libre et solennelle de tous les citoyens, dans toute l'étendue de la France.*

Me livrerai-je ici à toute la franchise que l'importance du sujet exige ? j'avoue qu'à cette lecture toutes mes illusions se dissipèrent, et que je me vis rejetté à une distance incalculable du point où je croyais être parvenu. Je m'agite, je consulte, et je trouve par-tout l'étonnement, la stupeur et les cris d'indignation : les amis de la liberté sont

écrasés et confondus ; la joie semble passée
toute entière dans le cœur et sur les visages
de ses ennemis. Des pressentimens affreux
m'accablent ; je rentre , et je trace rapidement
ces lignes , dont la fierté pourra blesser quelques personnes , mais dont je trouverai l'ap-
probation dans mon cœur , et peut-être dans
le cœur de beaucoup d'autres.

On a beau chercher dans les annales des
peuples , on ne trouve nulle part une cir-
constance politique qui ressemble à celle de
la France dans ce moment ; aucune qui soit
aussi grave , qui posât sur de plus grands
intérêts , qui fût hérissée de plus de difficultés et qui exigeât , pour les aplanir , autant
de ménagemens , autant de circonspection ,
autant de hautes mesures. Que voyons-nous ?
D'un côté , les souverains des plus puissans
États de l'Europe, qui , ayant assisté au renversement du trône impérial des Français ,
reçu l'acte d'abdication du prince qui l'occupait , pour lui et sa famille , s'avancent à
la tête de leurs armées , pour demander ou
pour forcer l'exécution des engagemens qu'ils
ont reçus : d'un autre côté, une famille éga-
lement renversée du trône ; mais qui , après
sa chûte , prétend avoir conservé tous ses

droits, rallie encore ses partisans, compose à part son gouvernement, et se tient sur nos frontières, prête à venir, au premier instant favorable, reprendre le diadème pour le replacer sur son front.

La France, à la vérité, ne veut de la domination ni des uns ni des autres : elle a reçu dans son sein le Prince, objet de ses vœux et de son choix ; et elle est résolue de le maintenir. Mais que font ces volontés et ces résolutions à des hommes qui se présentent munis de l'acte solennel qui accuse à leurs yeux d'usurpation, le prince qui l'a souscrit, et qui leur fait considérer le trône de France comme vacant : à des souverains qui croient leur amour-propre et leur honneur intéressés à soutenir leur ouvrage, et qui, aux motifs qu'ils tirent du titre de leurs prétentions, joignent encore des ressentimens personnels, et sans doute des vues plus profondes contre l'indépendance du peuple français ?

Il était donc évident que, pour des raisons puisées dans les grands intérêts de la nation, il fallait, par une grande mesure, opposer une barrière invincible à tous ces prétextes. Or, quelle était cette mesure ? C'était la reconstitution totale du corps politique par le

peuple français: reconstitution qui, ne se rat-
tachant à aucun fait, à aucun événement an-
térieur, qui, coupant en quelque sorte nos
annales en deux parties, marquât les créations de celle-ci d'un tel caractère d'authenti-
cité et d'unanimité, qu'il n'y eût rien à leur
opposer.

Il fallait que cet ouvrage fût tout entier
celui du peuple ; que le prince dont on con-
teste la légitimité, ne figurât en rien dans
sa confection, qu'il ne parût point être une
émanation de sa volonté ; que le pacte national, confié à une commission d'hommes
sages et de vrais Français, fût transmis en
projet aux assemblées électorales des dépar-
temens, qui, après avoir recueilli les vœux
des citoyens, seraient venues les proclamer
solennellement au *Champ de Mai*, rétablir
en leur nom le trône impérial, y élever de
nouveau, sur le pavois, le chef de la dynastie
de Napoléon, et poser les lois fondamentales de la nouvelle organisation politique de
la France. Qu'auraient eu à opposer à ce
grand acte de la volonté nationale les ennemis de la patrie ? Je crois que je ne me
trompe pas : mais il me semble que c'était le
moyen de faire retomber sur eux toute l'injus-

tice de leur agression, d'anéantir à jamais leurs prétextes, et d'intéresser l'univers entier à la cause des Français et de leur Prince.

Qu'a-t-on fait au lieu de cela? On a présenté un *Acte additionnel aux Constitutions anciennes de l'Empire*, qui suppose ce qui est mis en question, ce qui est précisément contesté, ce qu'on est décidé à combattre à outrance les armes à la main ; c'est-à-dire l'existence d'un trône et la continuité d'un règne auxquels on oppose des actes authentiques de déchéance, d'abdication ; et immédiatement après, la création d'un nouveau gouvernement qui n'a cessé, dit-on, que par les suites d'un événement de force majeure, et contre le gré d'une partie de la nation. De sorte que, par ce fragment de constitution, et par la nature même de ses formules, on a laissé subsister tous les prétextes, en apparence plausibles, de guerre extérieure, toutes les prétentions, toutes les espérances, tous les principes de troubles et de déchiremens intérieurs qui peuvent encore bouleverser la patrie, et changer son existence politique. Les suites de cette faute peuvent être terribles et incalculables. Si elles n'ont pas été aperçues, cette imprévoyance n'est pas concevable : si elles l'ont été, il me paraît évident qu'on a sacrifié la patrie et son repos à de vaines considérations d'orgueil et d'amour-propre, auxquelles il est impossible d'applaudir.

Je n'ai ni le loisir, ni l'espace nécessaires pour m'occuper ici des dispositions particulières de cet acte supplémentaire et modificatif des constitutions antérieures ; je réserve ce travail pour mon cahier prochain que j'accélererai par ce motif, autant qu'il me sera possible. Mais en attendant, et tout en rendant une pleine justice à quelques institutions favorables à la liberté public.... t individuelle, il est impossible de ne pas sentir et de ne pas déclarer que ce n'était pas là ce que la France toute entière attendait, ce qu'elle avait lieu d'attendre, sur-tout d'après les proclamations libérales qui en avaient précédé l'émission.

O NAPOLEON ! t'es-tu donc déjà fait des ennemis qui ont juré ta perte, et qui préparent l'abîme où ils veulent te précipiter de nouveau ? es-tu donc encore entouré de conseillers perfides qui soufflent à ton oreille le poison qui les dévore ? ou bien l'opinion publique ne serait-elle plus rien pour toi ? Ah ! si tu pouvais te répandre depuis quelques jours au milieu de tes vrais amis : combien tu les verrais affligés des coups que tu portes toi-même à l'attache-ment sincère qu'ils t'ont voué ! combien tu en verrais d'attiédis pour toi ! combien qui, plus fiers, et moins généreux, seraient prêts à dé-serter ta cause si l'amour de la patrie ne les enchaînait irrévocablement à tes destinées ! Songe que l'essai des Bourbons a réveillé parmi les vrais Français un sentiment irrésis-tible de liberté que tu es appelé à réaliser, et auquel ton propre destin se trouve invinci-blement lié.

DUBROCA.

Se trouve à Paris ,

CHEZ

l'AUTEUR , rue Dauphine, n.° 20.

DELAUNAY , Libraire, Galerie de bois , Palais-Royal , n.° 243.

JOHANNEAU, Libraire, rue du Coq-Saint-Honoré , n.° 6.

GERMAIN MATHIOT , Libraire , quai des Augustins, n.° 25.

Les Cahiers précédens se trouvent aux mêmes adresses. L'Auteur de cet Ouvrage, sans s'astreindre à des époques déterminées , et si quelque obstacle imprévu ne s'y oppose pas , fera paraître régulière-ment trois Cahiers par mois.

De l'Imprimerie de P. N. ROUGERON, rue de l'Hirondelle, n.° 22.

www.ingramcontent.com/pod-product-compliance
Ingram Content Group UK Ltd.
Pitfield, Milton Keynes, MK11 3LW, UK
UKHW022234070726
13613UKWH00004B/1941